Bibliografische Information der Deutschen Nationalbibliothek:

Die Deutsche Bibliothek verzeichnet diese Publikation in der Deutschen National-
bibliografie; detaillierte bibliografische Daten sind im Internet über http://dnb.d-
nb.de/ abrufbar.

Impressum:

Copyright © 2008 GRIN Verlag, Open Publishing GmbH
Druck und Bindung: Books on Demand GmbH, Norderstedt Germany
ISBN: 9783640621804

Dieses Buch bei GRIN:

http://www.grin.com/de/e-book/144612/der-neue-reisepass-im-lichte-des-daten-
schutzes

Michael Gläß, Marc Flügel, Nils Röhr

Der neue Reisepass im Lichte des Datenschutzes

GRIN Verlag

GRIN - Your knowledge has value

Der GRIN Verlag publiziert seit 1998 wissenschaftliche Arbeiten von Studenten, Hochschullehrern und anderen Akademikern als eBook und gedrucktes Buch. Die Verlagswebsite www.grin.com ist die ideale Plattform zur Veröffentlichung von Hausarbeiten, Abschlussarbeiten, wissenschaftlichen Aufsätzen, Dissertationen und Fachbüchern.

Besuchen Sie uns im Internet:

http://www.grin.com/

http://www.facebook.com/grincom

http://www.twitter.com/grin_com

FOM - Fachhochschule für Oekonomie & Management

**Berufsbegleitendes Studium zum
Dipl.-Wirtschaftsinformatikers (FH)**

6. Semester

Der neue Reisepass im Lichte des Datenschutzes

Autoren: Marc Flügel
          Michael Gläß
          Nils Röhr

Essen, 8. Juni 2008

Abstract

Diese Arbeit befasst sich mit dem neuen Reisepass mit integrierten RFID-Chip zur drahtlosen Kommunikation. Nach Grundlagen zur Biometrie werden die Besonderheiten der RFID-Kodierungen aufgezeigt. Anschliessend werden diese Besonderheiten aus datenschutzrechtlicher Sicht betrachtet. Abschliessend wird die Einführung des neuen Reisepasses kritisch bewertet.

Inhaltsverzeichnis

Abbildungsverzeichnis

Tabellenverzeichnis

1 Einleitung

Mit den Terroranschlägen gegen die vereinigten Staaten von Amerika am 11. September 2001, bei denen durch brutale und menschenverachtende Weise über 3000 Menschen ihr Leben verloren, ist nach Beurteilung der deutschen Sicherheitsbehörden eine neue Dimension des Terrorismus und dessen internationaler Ausprägung erreicht [1].

Der Gesetzgeber lies bereits am 01. Januar 2002, nach einem eiligen Gesetzgebungsverfahren, das Gesetz zur Bekämpfung des internationalen Terrorismus [2] in Kraft treten um der offenbaren Bedrohung der inneren Sicherheit und Ordnung [3] Rechnung zu tragen.

Bei diesem Gesetz handelt es sich im Wesentlichen um ein Paket aus verschiedenen Vorschriften, Gesetzen und Rechtsverordnungen, durch die den Sicherheitsbehörden erweiterte Aufgaben und neue Befugnisse zugeordnet werden.

Dieses „Sicherheitspaket" nimmt auch Einfluss auf das Pass- und Personalausweisrecht. Hier wird in erster Linie gemäß Artikel 7 (1) lit. b Satz 1 bzw. Artikel 8 (1) lit. a Satz 1 Terrorismusbekämpfungsgesetz geregelt, dass der Pass und der Personalausweis „neben dem Lichtbild und der Unterschrift weitere biometrische Merkmale von Fingern oder Händen oder Gesicht des Passinhabers enthalten darf". Dies war bis dahin verboten.

Biometrische Identifikationssysteme ermöglichen die unverwechselbare Authentizifierung von Menschen. Gefahren, wie ein Überwachungsstaat nach dem Vorbild des Romanes „1984" von George Orwell oder die Schaffung eines „gläsernen Menschen" erscheinen nun zumindest technisch möglich.

Diese Arbeit untersucht die biometrischen Merkmale, ihre Verwendung, die Verschlüsselungsverfahren der Daten in Pass und Personalausweis um abschliessend eine Aussage zum ePass im Lichte des Datenschutzes treffen zu können.

---

[1] Vgl. Entwurf eines Gesetzes zur Terrorbekämpfung[6], S. 35
[2] Vgl. BMJ[8], S. 61
[3] Vgl. Gruner[22], S. 1

2 Grundlagen

Das Kapitel Grundlagen teilt sich in drei Bereiche. Es werden die notwendigen Rechtsvorschriften beleuchtet, die RFID-Technologie in den Grundzügen erklärt und biometrische Merkmale erläutert.

2.1 Rechtsvorschriften

Für das Dokument Reisepass ist in der Bundesrepublik Deutschland geltendes Recht zu beachten. Diese Rechtsvorschriften sollen hier im wesentlichen behandelt werden. Das Terrorismusbekämpfungsgesetz selbst ist nur eine Ergänzung zu den bestehenden Gesetzen, Änderungen und Ergänzungen im Passgesetz von 1986 werden in den einzelnen Gesetzen selbst durchgeführt . Diese aktualiserte Form ist im Weiteren berücksichtigt.

2.1.1 Passwesen

Laut § 1 (1) Passgesetz benötigen alle Deutschen im Sinne des Artikel 116 (1) GG[1] einen gültigen Pass, wenn sie den Geltungsbereich des Gesetzes verlassen bzw. betreten [2]. Zu den Pässen gehört u.a. der Reisepass. Die Pässe sind nach einheitlichem Muster aufzubauen (§ 4 PassG). Zu Seriennummer, Lichtbild und Unterschrift sind ausschließlich folgende Angaben zu machen.

- Familienname und ggf. Geburtsname,

- Vornamen,

- Doktorgrad,

- Geburtsort, -tag,

- Geschlecht,

---

[1]Grundgesetz
[2]Passgesetz[7]

- Größe,

- Farbe der Augen,

- Wohnort und

- Staatsangehörigkeit.

Gemäß § 4 (2) enthält der Pass eine maschinell lesbare Zone (die sogenannte Machine Readable Zone, kurz MRZ), in der lediglich folgende Daten enthalten sein dürfen

- Abkürzung P für Reisepass,

- Abkürzung D für die BRD,

- Familienname, Vornamen,

- die Seriennummer des Passes,

- die Abkürzung D für die Eigenschaft als Deutscher o.ä.,

- den Tag der Geburt,

- Geschlechtsmerkmal (M/F)

- die Gültigkeitsdauer des Passes,

- die Prüfziffern und Leerstellen

Des Weiteren heißt es in Absatz 3 des § 4 [3], dass die Pässe mit einem elektronischen Speichermedium zu versehen sind. Die gespeicherten Daten sind gegen unbefugtes Auslesen, Verändern oder Löschen zu sichern. In § 6a (2) PassG heißt es, dass die elektronische Erfassung des Lichtbildes und der Fingerabdrücke nur durch solche technischen Systeme durchzuführen sind, die geltenden Rechtsverordnungen entsprechen. „Die Einhaltung der Anforderungen ist vom Bundesamt für Sicherheit in der Informationstechnik festzustellen." § 6a (2) PassG, S. 2[7].

Gemäß § 16 (1) PassG dürfen die Seriennummer und die Prüfziffern keine Daten über die Person des Passinhabers oder Hinweise auf solche Daten enthalten. Jeder Pass erhält eine neue Seriennummer. Die Beantragung, Ausstellung und Ausgabe von Pässen dürfen nicht zum Anlass genommen werden, die hierfür erforderlichen Angaben außer bei den zuständigen Passbehörden zu speichern.

Laut § 16 (3) PassG darf eine zentrale Speicherung aller Seriennummern nur bei der Bundesdruckerei GmbH erfolgen. Die Speicherung dient ausschließlich zum

---

[3]Umsetzung der EG-Verordnung Nr. 2252/2004[21] von 13.12.2004 in nationales Recht

Nachweis des Verbleibs der Pässe. Weitere Angaben wie unter § 4 (1) PassG aufgeführt müssen nach Herstellung des Ausweisdokuments gelöscht werden. Die
Seriennummern dürfen gemäß § 16 (4) PassG nicht so verwendet werden, dass
mit ihrer Hilfe ein Abruf personenbezogener Daten aus Dateien oder eine Ver-
knüpfung von Dateien möglich ist. Jedoch dürfen die Passbehörden die Seriennummern für den Abruf personenbezogener Daten aus ihren Dateien nutzen.
Weiterhin dürfen Polizeibehörden des Bundes und der Länder die Seriennummern für den Abruf der in Dateien gespeicherten Seriennummern der Pässe nutzen, die für ungültig erklärt wurden, abhanden gekommen sind oder bei denen
der Verdacht einer Benutzung durch Nichtberechtigte besteht. Die im Pass ent-
haltenen verschlüsselten Merkmale und Angaben dürfen gemäß § 16 (4) PassG
nur zur Überprüfung der Echtheit des Dokumentes und zur Identitätsprüfung
des Passinhabers ausgelesen und verwendet werden. Auf Verlangen des Passinhabers hat die Passbehörde Auskunft über den Inhalt der verschlüsselten Merkmale und Angaben zu erteilen.

2.1.2 Datenschutz

Biometrische Merkmale sind Segen und Fluch zugleich. Sie können das alltäg-
liche Leben vereinfachen, da man sich nicht mehr hunderte von verschiedenen
Passwörtern, PINs oder ähnliches merken muss um sich zu authentifizieren. Gleich-
zeitig dienen die Merkmale auch zur Identifizierung der Person hinter diesen
Merkmalen. Die Merkmale sind gewöhnlich lebenslang mit der Person verbun-
den, daher ist eine gewisse Sensibilität in diesem Bereich von Nöten.

Der Gesetzgeber hat den Datenschutz im Bundesdatenschutzgesetz geregelt. Dar-
über hinaus liegende Regelungen befinden sich in den Landesdatenschutzgeset-
zen der einzelnen Bundesländer.

Datenschutz ist gemäß Duden der Schutz personenbezogener Daten vor deren
Missbrauch bei ihrer Verarbeitung und Verwendung, das heißt bei ihrer Erhebung, Übermittlung, Veränderung und Löschung. Der Kern des Datenschutzes
liegt in der Schutzwürdigkeit des individuellen Persönlichkeitsrechtes. Dies ist
auch im § 1 (1) BDSG [4] niedergelegt. Hier wird gesetzlich geregelt, dass der Ein-
zelne davor zu schützen ist, dass durch den Umgang mit seinen personenbezo-
genen Daten seine Persönlichkeitsrechte beeinträchtigt werden.

Die Begrifflichkeit *personenbezogene Daten* hat der Gesetzgeber in § 3 (1) BDSG
wie folgt definiert: „Personenbezogene Daten sind Einzelangaben über persönli-

---

[4]Bundesdatenschutzgesetz [9]

che oder sachliche Verhältnisse einer bestimmten oder bestimmbaren natürlichen Person (Betroffener)." Weitere Begriffe wie Erhebung, Verarbeitung und Nutzen sind in § 3 (3-5) BDSG definiert. Gemäß § 4 (1) BDSG ist die Erhebung, die Verarbeitung oder die Nutzung der Daten nur dann zulässig, wenn eine Rechtsvorschrift dies erlaubt, anordnet oder der Betroffene eingewilligt hat. Das Grundrecht auf freie Entfaltung der Persönlichkeit gemäß Artikel 2 GG dient dem Schutz der Privatsphäre [5].

Eine Einwilligung ist laut § 4a (1) BDSG nur dann wirksam, wenn diese auf der freien Entscheidung des Betroffenen beruht. Des Weiteren wird in Satz 3 erwähnt, dass wenn diese Einwilligung zusammen mit anderen Erklärungen schriftlich abgegeben wird, diese besonders hervorzuheben ist.

Die wesentliche Punkte lassen sich wie folgt zusammenfassen:

- Keine zentrale Speicherung der Daten

- Erhebung der Daten mit Zustimmung des Betroffenen

- Löschung der Daten, sobald der Betroffene nicht mehr an der Anwendung teilnimmt

- Schutz der biometrischen Daten vor unbefugter Kenntnisnahme (Einsatz von Verschlüsselung)

Das Thema Datenschutzrecht wird im Buch *Grundzüge des IT-Rechts* von Brunhilde Steckler besonders ausführlich behandelt.

2.2 Radio Frequency Identification

Das sogenannte Radio Frequency Identification (RFID) System wird heute vielfältig eingesetzt. Es dient der kontaktlosen Identifikation. Dabei sind zwei Komponenten im Einsatz: ein Transponder und ein Lesegerät. Der Transponder ist ein Mikrochip (auch Tag genannt, engl. für Kennzeichnung), wie in Abbildung 2.1 dargestellt. Dieser dient als Speichermedium für Informationen, die später berührungslos ausgelesen werden können. Der Chip selbst ist umgeben von einer Antenne, die zum Senden und Empfangen der ausgestrahlten Funkwellen des Lesegerätes genutzt wird. Die meisten RFID-Tags arbeiten

Abbildung 2.1: RFID-Tag[6]

---

[5]Vgl. Steckler[40], S. 61
[6]Bild entnommen von CNPD(Commision Nationale Pour La Protection Des Donnees)[20]

passiv, d.h. sie funktionieren ohne eigene Energiequelle. Hierzu wird das empfangene Funksignal als Energiequelle genutzt [7]. Die passiven RFID-Tags bleiben jahrzehntelang funktionstüchtig. Aktive hingegen sind mit eigener Batterie ausgestattet und damit sind an deren Lebenszeit gebunden.

Die Reichweite aus der dieser RFID-Tag gelesen werden kann ist abhängig von der Sendeleistung des Lesegerätes. Sie kann von nur wenigen Zentimetern bis zu 30 Metern betragen [8]. In der Abbildung 2.2 sind einige Beispielanwendungen dargestellt. Im Falle des elektronischen Reisepasses wird auf der Homepage www.epass.de (einer Seite des Bundesministerium des Innern) eine max. Entfernung von 20 cm angegeben [9]. Befindet sich der Transponder in der Reichweite des Lesegeräts, so sendet dieser dem Lesegerät seine Daten. Das Lesegerät bie-

Abbildung 2.2: Lesen von RFID-Tags[10]

tet, anders als seine Bezeichnung annehmen lässt, noch weitere Möglichkeiten als nur den Transponder auszulesen. Das Lesegerät kann auch zur Programmierung des Transponders genutzt werden [11].

2.3 Biometrische Daten

Der Begriff *Biometrie* stammt ursprünglich aus dem Griechischen. Er setzt sich zusammen aus bios (Leben) und metron (Maß) [12]. Demnach ist die Biometrie die Messung am Leben oder vielmehr an Lebewesen. In diesem Zusammenhang ist hier die Messung an körperlichen Merkmalen des Menschen gemeint.

In der heutigen Computerzeit verbindet man Biometrie vor allem mit der Identifizierung von Personen durch Authentifizierung körperlicher Merkmale, wie

[7]Vgl. Commission Nationale pour la Protection des Donnees[20]
[8]Vgl. Hansen/Neumann[25], S. 173
[9]Vgl. BMI[5]
[10]Bild entnommen von http://www.strom-online.ch/multimedia.html, Zugriff 28.04.2008
[11]Vgl. Riering[39], S. 5
[12]Vgl. Nolde[36], S. 20

z.B. mit Hilfe des Fingerabdrucks. Die Merkmale müssen eine wesentliche Eigenschaft besitzen: Sie müssen einmalig sein. Dabei dürfen Veränderungen durch Krankheit, Bartwuchs, Schnittverletzungen sowie Narben nicht zu Beeinträchtigungen führen.

Die wichtigsten zur Zeit eingesetzten Merkmale werden nachfolgend vorgestellt. Einige Kennzahlen zur Bewertung von biometrischen Systemen müssen vorher definiert werden.

2.3.1 Kennzahlen von biometrischen Systemen

FAR - False Acceptance Rate   Die Falschakzeptanzrate drückt die relative Häufigkeit aus, mit der eine Person als gültig erkannt wird, obwohl die Erkennung als fehlerbehaftet zurückgewiesen werden müsste.

$$FAR = \frac{v}{s} \qquad (2.1)$$

Die FAR berechnet sich gemäß Formel 2.1 [13]. Dabei gibt v die Anzahl der Vergleiche unterschiedlicher Finger an, die eine Übereinstimmung ergeben und s gibt die Gesamtanzahl der Vergleiche unterschiedlicher Finger an. Sie wird als stark bezeichnet, wenn die relative Häufigkeit weniger als 1% beträgt [14].

FRR - False Rejection Rate   Die Falschrückweisungsrate drückt die relative Wahrscheinlichkeit aus, mit der eine Person, mit gültigen Merkmalen, fälscherlicherweise zurückgewiesen wird, obwohl diese als positiv hätte verifiziert werden müssen.

$$FRR = \frac{V}{G} \qquad (2.2)$$

Die FRR berechnet sich gemäß der Formel 2.2 [15]. Dabei gibt V die Anzahl der Vergleiche gleicher Finger an, die keine Übereinstimmung ergeben und G ist die Gesamtanzahl der Vergleiche gleicher Finger. Wenn die Häufigkeit kleiner 3% auftritt wird sie ebenfalls als stark bezeichnet [16].

FTE - Failure To Enrol Rate   Die FTE gibt die relative Häufigkeit an, mit der Personen nicht dem biometrischen System angelernt werden konnten, da nicht

---

[13]Entnommen aus BSI[12], S. 19
[14]Vgl. Breitenstein und Niesing[10], S. 34
[15]Entnommen BSI[12], S. 19
[16]Vgl. Munde[35], S. 153

oder nur wenig ausgeprägte Merkmale, wie zum Beispiel ein Fingerabdruck ohne Konturen, vorhanden sind.

FMR - False Match Rate   Die FMR korrespondiert zu FAR. Bei der Berechnung der FMR werden jedoch Zugangsversuche, die zum Beispiel aufgrund schlechter Bildqualität von vornherein abgewiesen werden, nicht berücksichtigt.

FNMR - False Non-Match Rate   Die FNMR wird meist synonym zur FRR verwendet. Nicht berücksichtigt werden dabei die Zugangsversuche, die z.b. aufgrund schlechter Bildqualität scheitern.

ERR - Equal Error Rate   Die Gleich-fehlerrate gibt die relative Häufigkeit an, bei der FAR und FRR gleich sind. Die Werte für FAR und FRR stehen in Korrelation zueinander, daher ist eine Aussage über die Qualität eines biometrischen Systems nicht nur auf-grund einer Kennziffer zu treffen. Die Angabe der zweiten Grösse ist zwin-gend erforderlich.

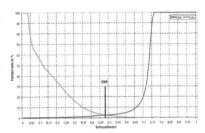

Abbildung 2.3: Equal Error Rate[17]

2.3.2 Fingerabdruck

Die Identifikation von Personen anhand ihres Fingerabdrucks ist wohl das älteste biometrische Verfahren der Welt. Archeolo-gische Funde belegen, dass bereits 7000 vor Christus von den Assyrern und Chinesen Fingerabdrücke zur Identifikation ge-nutzt wurden [19]. Weiterhin wurden Mitte des 17. Jahrhunderts erste Studien durchgeführt die belegen, dass keine zwei Finger den gleichen Abdruck haben und sich diese zeitlebens nicht verändern. Seit den späten 60er Jahren verarbeitet das Federal Bureau of Investi-gation (FBI) die Fingerabdrücke computergestützt [20].

Abbildung 2.4: Fingerabdruck[18]

Als Fingerabdruck, auch Daktylogramm, bezeichnet man allgemein den Abdruck eines Fingers auf einem Gegenstand. Die Fingerabdrücke entstehen durch die

---

[17]Angelehnt an Breitestein und Niesing[10], S. 32
[18]Fingerabdruck von Wolfgang Schäuble veröffentlicht in Die Datenschleuder Nr. 92[19]
[19]Vgl. Breitenstein[11], S. 35
[20]Vgl. Breitenstein[11], S. 35

Papillarleisten der Haut. Papillarleisten sind reliefenartig hervortretende, neben-
einander verlaufende Erhebungen der Leistenhaut. Das Muster dieser schleifen-
, wirbel- und bogenformig angeordneten Papillarleisten ist einzigartig [21]. Auch
eineiige Zwillinge sind anhand der Fingerabdrücke eindeutig unterscheidbar [22].

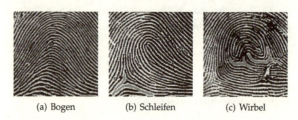

(a) Bogen   (b) Schleifen   (c) Wirbel

Abbildung 2.5: Fingerabdruck-Muster[23]

Die Merkmale die bei einem Fingerabdruck zur
Identifizierung herangezogen werden sind:

- *Delta* - Zusammentreffen mehrerer Linien

- *Pore* - Lücke in einer Linie

- *Insel* - eine sehr kurze Linie

- *Kern* - Positionierungspunkt

- *Linienende* - Letzter Punkt einer Linie

- *Kreuzung* - Schneidepunkt von zwei Linien

- *Gabelung* - Aufteilung in zwei oder mehrere Linien

Abbildung 2.6: Merkmale Fingerabdruck[24]

Der Fingerabdruck wird erstmals in der Version 2 des neuen Reisepasses gespeichert. Die digitale Speicherung findet auf einen RF-Chip im Dateiformat WSQ
(Wavelet Scalar Quantization) statt.

2.3.3 Gesichtsmuster

Länger als der Fingerabdruck wird ein Lichtbild im Pass hinterlegt. Dies ist als
Photographie, sowohl in den alten als auch in den neuen Pässen, hinterlegt. Im

---

[21]Vgl. Breitenstein[11],S.35
[22]Vgl. Amberg[2], S. 15
[23]Bilder entnommen von LKA Thüringen[23]
[24]Bild entnommen aus Amberg[2]

neuen elektronischen Reisepass ist es zusätzlich als Bilddatei [25] auf dem RFID-Tag gespeichert.

Das Gesicht ist gekennzeicht durch Stirn, Augen- und Mundregion. Das Aussehen wird geprägt von der Knochenstruktur, Muskulatur und dem Haarwuchs. Ein Gesicht kann man nicht als einzigartig bezeichnen, da eineiige Zwillinge sich nahezu gleichen. Eine Differenzierung der Unterscheidungsmerkmale eineiiger Zwillinge ist nur schwerlich möglich.

Die Erkennung von Gesichtsmustern lässt sich in zwei Phasen unterteilen [26]:

- Die Erkennung eines Gesichts in einem Bild, auch Face Detection genannt
- Die Identifikation bzw. Verifikation des Gesichts

Für die erste Phase kommen mehrere Verfahren zum Einsatz. Die Farbanalyse nutzt die charakteristische Farbe menschlicher Haut zur Extraktion eines Gesichtes. Das Template-Matching-Verfahren basiert auf einer schablonenartigen Vorlage, die im Bild gesucht wird. Des Weiteren nutzt man geometrische Information um ein Gesicht im Bild zu finden. Eine besondere geometrische Konstellation sind Augen, Nase und Mund. Wenn ein Gesicht gefunden wurde, muss dieses normalisiert werden, da keine zwei Bilder einer Person einander gleichen. Dies kann beispielsweise dadurch bedingt sein, dass der Abstand zwischen Aufnahmen differiert oder es andere Lichtverhältnisse gibt. Die Bildlage kann anhand einer imaginären horizontalen Linie zwischen den Augen ausgerichtet werden. Die Verbesserung der Bildlage sowie die Angleichung der Größe und Farbe gehört zur Normalisierung. Auch nach der Normalisierung bleiben Unterschiede vorhanden, zum Beispiel kann eine Person sich einen Bart wachsen lassen oder nun eine Brille tragen. An dieser Stelle kann der Gesichtserkennungsalgorithmus nur mit entsprechender Toleranz die Gesichter mit deren Merkmalen einer Person zuordnen [27].

2.3.3.1 Iris

Wie in der Tabelle 3.1 unter DG4 auf Seite 17 zu erkennen ist, ist die Speicherung der Augendaten vorgesehen. Hier ist die Iris des Auge gemeint, die als ringförmige Regenbogenhaut die Pupille umgibt. Die Iris ist u.a. gekennzeichnet durch Streifen, Sprossen, Punkte, Ringe und Flecken. Das Muster der Iris gilt wie der

---

[25]Dateiformat JPEG, JPEG2000(verlustlos) mit max. Größe 32 kByte
[26]Vgl. Breitenstein[11],S.42
[27]Vgl. Rach[38], S. 19

Fingerabdruck als einzigartig [28]. Die Farbe der Iris kann sich im Laufe der Lebenszeit verändern. Die Veränderung erfolgt meist durch die Behandlung mit Medikamenten oder durch Pigmenteinlagerung [29].

Wie die Gesichtsmustererkennung, wird die Iris eines Auges berührungslos abgefilmt. Hierbei werden Monochrom-Kameras genutzt, die die Iris durch Brillen und Kontaktlinsen erfassen. Durch wechselnde Lichtbedingungen und schnelle Bewegungen kann es zu Störungen kommen. Eine einwandfreie Erfassung kann durch verschmutzte oder verdunkelte Brillen erschwert werden. Da sich die Pupille mehrfach in der Sekunde bewegt kann dies als Kennzeichen für eine Lebendüberwachung herangezogen werden. Des Weiteren werden Täuschungsversuche durch die kontinuierliche Prüfung der Bewegung vereitelt [30].

Der erste einsatzfähige Algorithmus wurde von John Daugman 1994 patentiert [31]. Die Analyse der Iris erzeugt den daraus resultierenden IrisCode, welcher zur Identifizierung verwendet wird (Nutzung des 2d Wavelet-Agorithmus [32]).

2.3.4 Gegenüberstellung

Die wesentlichen biometrischen Merkmale werden hier kurz mit ihren Kennzahlen gegenübergestellt. Die Akzeptanz der Merkmale ist gut. Eine subjektive Gleichsetzung mit der erkennungsdienstlichen Behandlung eines Straftäters kann bei der Abnahme des Referenzfingerabdrucks entstehen.

Verfahren	Fingerabdruck	Gesichtsmuster	Irismuster
FAR	1 %	1 %	1 %
FRR	0-5 %	1-7 %	2-23 %
Akzeptanz	gut	gut	gut
Datensatzgröße	100 bis 2000 Bytes [a]	500 bis 2048 Byte	512 Bytes
Erkennungszeit	< 1 Sekunde	1 Sekunde [b]	1 bis 2 Sekunden

[a]Je nach verwendeten Algorithmus
[b]Eine integrierte Lebenderkennung (Wimpernschlag) kann die Erkennungszeit vergrößern

Tabelle 2.1: Vergleich biometrischer Merkmale [33]

[28]Vgl. Breitenstein[11], S. 49
[29]Bei Personen mit Albinismus fehlt die Pigmentierung vollständig.
[30]Vgl. Rach[38], S. 21f
[31]Vgl. Paasche und Brüning[37], S. 5; Europäisches Patent EP0793833
[32]Vgl. Iridiantech[28]
[33]Werte entnommen von BSI[13], S. 163

3 Elektronischer Pass

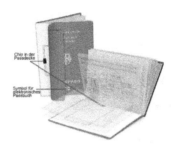

Abbildung 3.1: ePass

3.1 Aufbau

Das Dokument Reisepass besteht aus zwei wesentlichen Komponenten.

- Papieranteil
- RFID-Technologie

Die Herstellung erfolgt bei der Bundesdruckerei GmbH mit Zulieferung von RFID-Tags der Firma Infineon und der Firma NXP Semiconductors.

3.1.0.1 Aufbau Papieranteil

Der Reisepass besteht aus einem Umschlagdeckel, der Passkarte und den Inhalts-seiten[1].

---

[1]In dieser Betrachtung gehen wir vom normalen 32 seitigem elekronischem Reisepass aus. Es ist auch eine 48 seitige Version für Vielreisende erhältlich, die sich nur durch 16 zusätzliche Sichtvermerktseiten auszeichnet.

Das Papier des ePass Die Grundlagen des Papieres des elektronischen Reisepasses ist ein Mischung aus Baumwolle und Zellulose ohne optische Aufheller[2]. Es ist davon auszugehen, dass der Reisepass chemisch gegen Reaktionen mit Säuren, Basen, Bleichmitteln u.ä. geschützt ist, wie es die Bundesdruckerei grundsätzlich anbietet.

3.1.0.2 Nichtelektronische Sicherheitsmerkmale

Generell werden bei der Klassifizierung der Sicherheitsmerkmale mindestens drei Stufen unterschieden[3]:

Sicherheitsmerkmale der ersten Stufe bezeichnen alle Sicherheitsmerkmale, die ohne technische Hilfsmittel zu erkennen sind.

Sicherheitsmerkmale der zweiten Stufe bezeichnen all jene Merkmale, die ausschließlich mit spezifischen Lesegeräten oder anderen technischen Hilfsmitteln zu erkennen sind.

Sicherheitsmerkmale der dritten Stufe bezeichnen Sicherheitsmerkmale, die nur einem sehr eingeschränkten Personenkreis bekannt und in der Regel nur forensisch auszuwerten sind.

3.1.0.3 Umschlagdeckel

Der Umschlagdeckel des Reisepasses besteht aus Papier. Er ist ummantelt mit einem nicht-PVC Kunststoff, welcher bordeauxrot gehalten ist und folgenden mit goldfarbener Prägung enthält:

- Text: Europäische Union
- Text:Bundesrepublick Deutschland
- Abbildung: Bundesadler
- Text: Reisepass
- Abbildung: ePass Logo

---

[2]Vgl. Bundesdruckerei [16], S. 22
[3]Vgl. Bundesdruckerei [16], S. 20

Der RFID-Tag ist im Papier der Hülle eingearbeitet (s. Abbildung 3.1). Die notwendige Antenne des RFID-Tag befindet
sich in mehreren Spulen im Rand der Hülle. Wahrscheinlich
ist laut der Empfehlung der ICAO [4] eine Verstärkung kriti-
scher Stellen implementiert.

Abbildung 3.2:
ePass Logo

Das es sich um einen Reisepass mit RFID-Tag handelt ist am Logo (Abbildung
3.2) auf dem Dokumentdeckel von aussen zu erkennen.

3.1.0.4 Passkarte

Die Passkarte ist eine in Polycarbonatfolien eingeschweißte Seite mit den im Kapitel 2.1.1 beschriebenen Daten.
Die Passkarte zeichnet sich durch 11 Sicherheitsmerkmale aus.[5]

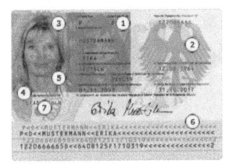

Abbildung 3.3: Sicherheitsmerkmale der Passkarte[6]

1. **Holografisches Portrait:** eingebrachte, stilisierte Helldunkelwiedergabe des
   Ausweisbildes, mit vier Bundesadlermotiven linkerhand.

2. **3D-Bundesadler:** dreidimensionale Darstellung des Bundesadlers in rot.

3. **Kinematische Bewegungsstruktur:** Die über dem herkömmlichen Lichtbild angeordneten Bewegungsstrukturen zeigen als zentrales Element einen
   von zwölf Sternen umgebenen Bundesadler. Bei Kippbewegung der Passkarte von links nach rechts verwandelt sich das in der Mittelposition sichtbare Adlermotiv über eine Sechseckstruktur in den Buchstaben D. Die Ster-
   ne werden abwechselnd größer und kleiner. Die Sechsecke oberhalb und

---

[4]Vgl. Beel[3], S. 59
[5]Vgl. Bundesdruckerei [18] S.2
[6]Entnommen von http://www.bundesdruckerei.de

unterhalb des Adlermotivs wandern auf und ab. Eine Kette von Sternen an rechten Bildrand geht in ein *D* über [7].

4. **Makro- und Mikroschrift:** Am linken Bildrand ist der Schriftzug *BUNDES-REPUBLIK DEUTSCHLAND* in einer kinamatischen Bewegunsstrktur als Makroschrift aufgebracht, an den sich mehrere, textgleiche, parallel verlaufende Mikroschriftzeilen anschließen.

5. **Kontrastumkehr:** Beim Kippen der Karte erfährt der Bundesadler eine Negativierung der Darstellung

6. **Holografische Wiedergabe der MRZ:** oberhalb der herkömmlichen MRZ

7. **Maschinell prüfbare Struktur:** zur Echtsheitsprüfung

Abbildung 3.4: Sicherheitsmerkmale der Passkarte[8]

8. **Oberflächenprägung:** reliefartige Prägung: *D, BUNDESREPUBLIK DEUTSCH-LAND, REISEPASS,* Bundesadler

9. **mehrfarbige Guillochen:** Feines (komplexes) Muster, das aus verschlungenen, ununterbrochenen und nach geometrischer Gesetzmäßigkeit aufgebauten Linien besteht.[9]

10. **Laserbeschriftung:** Einbringung von Vor- und Nachname am rechten Bildrand durch Lasertechnik

11. **Wasserzeichen:** Einbringung eines mehrstufigen Wasserzeichens eines stilisierten Bundesadlers

---

[7]Entnommen aus Bundesdruckerei [18], S. 2
[8]Entnommen aus: http://www.bundesdruckerei.de
[9]Zitat aus: http://www.consilium.europa.eu/prado/DE/glossaryPopup.html, näheres siehe auch Bundesdruckerei [16], S. 28 und BSI [17] S. 40

Passinnenseite 1   Auf der Passeite 1 sind zusätzliche Angaben zu Wohnort und Person vermerkt. Diese sind die Inhalte 11-14.

Passinnenseite 2   Hier sind Angaben zu Kindern hinterlegt: Name, Vorname, Geburtsdatum und Geschlecht.

Passinnenseite 3   Amtliche Vermerke unter Angabe des Gültigkeitsbereiches, Ausstellungsort, Ausstellungsdatum und Unterschrift.

Passinnenseite 4 und 5   Register der 15 möglichen Eintragungen in aktuell 23 Sprachen.

Passinnenseite 6-31 (Sichtvermerke)   aus diesen Seiten ist Raum zur Verfügung gestellt für Sichtvermerke und Visaeintragungen

Passinnenseite 32   Angabe zur Passversion in aktuell 23 Sprachen, d.h. ob es eine 32-seitig oder 48-seitige Version ist.

3.2 gedruckte Informationen

Zu den gedruckten Information zum Dokument Reisepass gehören die, die im Kapitel 2.1.1 aufgeführten Daten.

3.3 elektronische Informationen

Die elektronischen Daten sind in Datengruppen [10] (siehe Tabelle 3.1) aufgeteilt. Diese Struktur spiegelt auch die Datenstruktur auf dem RF-Chip wieder. Zum heutigen Zeitpunkt werden im deutschen ePass die Datengruppen DG1, DG2 und DG3 verwendet, d.h. zu den Daten die im Kapitel 2.1.1 aufgeführt sind, werden ein elektronisches Lichtbild und ein Fingerabdruck elektronisch gespeichert. Die Datengruppen 1 und 2 sind die Daten, die zum Teil in gedruckter Form auf der Passkarte ersichtlich sind. Diese werden mit dem Basic Access Control Verfahren [11] gesichert. Die in Deutschland verwendete Datengruppe 3, welche die

---

[10]näheres siehe auch ICAO [26]
[11]siehe Kapitel 3.5.2

Fingerabdrücke enthält, wird mit Hilfe des Extended Access Conrol Verfahrens [12] gesichert.

	EF.COM	Inhaltsverzeichnis		
	EF.SOD	Sicherheitsobjekt mit Daten zur Überprüfung der Signatur der im Pass gespeicherten Daten		
Detail(s) Recorded in MRZ	DG1	Document Type		
		Issuing State or Organisation		
		Name (of Holder)		
		Document Number		
		Check Digit - Doc Number		
		Nationality		
		Date of Birth		
		Check Digit - DOB		
		Sex		
		Date of Expiry		
		Check Digit - DOE/VUD		
		Optional Data		
		Check Digit - Optional Data Field		
		Composite Check Digit		
Encoded Identifikation Feature(s)	Global Interchange Feature		DG2	Encoded Face
	Additional Feature(s)		DG3	Encoded Finger(s)
			DG4	Encoded Eye(s)
Diplayed Identifikation Feature(s)	DG5	Displayed Portrait		
	DG6	Reserved for Future Use		
	DG7	Displayed Signiture or Usual Mark		
Encoded Security Feature(s)	DG8	Data Feature(s)		
	DG9	Structure Feature(s)		
	DG10	Substance Feature(s)		
	DG11	Additional Personal Detail(s)		
	DG12	Additional Document Detail(s)		
	DG13	Optional Detail(s)		
	DG14	Security Infos		
	DG15	Active Authentication Public Key Info		
	DG16	Person(s) to Notify		

Tabelle 3.1: Datenstruktur RF-Chip[13]

3.4 Haltbarkeit und Gültigkeit

Die Pässe, die ohne biometrische Merkmale und RFID-Tag ausgestattet sind, behalten weiterhin ihre Gültigkeit. Sollte der RFID-Tag sich im Laufe der Gültigkeit

---

[12] siehe Kapitel 3.5.3
[13] Angelehnt an BSI [15] S. 1; DG14 angepasst laut BSI [14]

des Dokumentes funktionsunfähig werden, so behält auch dieser Pass seine volle Gültigkeit. Die allgemeine Gültigkeit des Ausweisdokuments ist durch den Gesetzgeber limitiert. Für Personen unter 26 Jahre hat der Pass eine Gültigkeit von 5 Jahren und für alle anderen Personen 10 Jahre [14].

Die Haltbarkeit des Papieranteils ist größer als die angegebene Gültigkeit. Es gibt zur Zeit noch keine Studien, welche die Lebensdauer der RFID-Tags im Reisepass belegen können [15]. Das Innenleben eines Reisepasses mit RFID kann jedoch durch den täglichen Gebrauch beschädigt werden in dem man ihn knickt und biegt.

3.5 Verschlüsselungstechniken beim ePass

Um an die nicht aufgedruckten Information kommen zu können sind einige Verschlüsselungsverfahren implementiert. Die elektronische Sicherung des ePass ist mit 3 Verfahren verwirklicht. Diese werden hier nachfolgend kurz erläutert.

Digitale Signatur dient dem Nachweis der Unverändertheit der Daten.

Basic Access Control dient der Sicherung der Daten, die auch visuell ablesbar sind.

Extended Access Control dient der Sicherung der Daten, die einen zusätzlichen Sicherungsbedarf haben. Zudem dient das Verfahren einer zusätzlichen Verifizierung der Echtheit der gespeicherten Daten.

Gemäß der Entscheidung 2909 aus dem Jahr 2006 der Kommission K wird eine Public Key Infrastructure, kurz PKI, geschaffen. Eine PKI diente dazu digitale Zertifikate auszustellen, zu verteilen und zu prüfen [16]. Jedes am ePass-Verfahren beteiligte Land muss folgende Voraussetzungen erfüllen [17]:

- Benennung der Zertifizierungsstelle [18]
  in Deutschland ist dies das Bundesamt für Sicherheit in der Informationstechnik (BSI)

- Benennung mindestens eines Dokumentensignierers [19], einer Einrichtung, die die Reisepässe ausstellt
  in Deutschland ist dies die Bundesdruckerei GmbH

---

[14]siehe BMI [4] : Die Gebühren betragen z.Zt. 37,50 € und 59,00 €
[15]Vgl. BSI [12], S. 73
[16]Vgl. Vogt[43], S.3
[17]Vgl. EU Kommision K[33], Anhang S.8
[18]Country Signing Certification Authority, kurz CSCA
[19]Document Signer, kurz DS

Die CSCA stellt im Rahmen der PKI eine Reihe von Zertifikaten aus oder signiert Zertifikate anderer Länder. Weiterhin zertifiziert sie neben den DS, die Lesegeräte bzw. deren Hersteller und die Zertifikate anderer Länder. Zur Kontrolle der Zugriffsrechte von Lesegeräten anderer Länder signiert die CSCA das Zertifikat der Lesegeräte und vergibt im Rahmen dieser Signierung Rechte zum Zugriff auf die einzelnen Datengruppen des Reisepasses. Zertifikate werden dabei ausschließlich auf diplomatischem Wege verteilt, öffentlich in einem Verzeichnis der ICAO, zur Verwendung bei Verifikationen, abgelegt

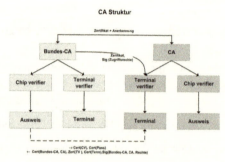

Abbildung 3.5: Verifikationskette[20]

Die Zertifikate und Signaturen werden im Rahmen der EAC zu einem wichtigen Faktor in der Freigabe von Daten.

3.5.1 Sicherungsverfahren Digitale Signatur

Ziel der Digitalen Signatur [21] ist es die Unverändertheit der auf dem RF-Chip gespeicherten Daten nachzuweisen, d.h. ob das Dokument von einer zertifizierten Stelle ausgestellt und nicht nachträglich verändert wurde. Das in Deutschland verwendete Signaturvervahren ist der Elliptic Curve Digital Signature Algorithem, kurz ECDSA [22].

CSCA Die CSCA verwendet im Verfahren der digitalen Signierung eine Schlüssellänge von 256 bit und eine Verwendungsdauer des privaten Schlüssels von drei bis fünf Jahren. Daraus ergibt sich die Verwendungsdauer des öffentlichen Schlüssels von 13 bis 15 Jahren, bei der Gültigkeit von zehn Jahren des deutschen

---

[20]Entnommen aus Kargl[29] S. 16
[21]Allgemeine Informationen zum Thema u.a. in Hansen und Neumann[24], Seite 298ff
[22]Näheres unter http://www.comms.scitech.susx.ac.uk/fft/crypto/ecdsa.pdf

Reisepasses. Die CSCA signiert ausschließlich das DS-Zertifikat, nicht die Daten des Passes [23].

DS Die DS verwenden eine Schlüssellänge von 224 Bit und eine Verwendungsdauer von maximal drei Monaten für den privaten Schlüssel. Die Gültigkeit des öffentlichen Schlüssels beträgt damit maximal zehn Jahre und drei Monate. Die DS signieren die Echtheit und Unverändertheit des Dokumentes

	Algorith-mus	Schlüssel länge (Bit)	Verwendungsdauer privater Schlüssel	Verwendungsdauer öffentlicher Schlüssel
CSCA	ECDSA	256	3-5 Jahre	13-15 Jahre
DS	ECDSA	224	max. 3 Monate	max. 10 Jahre und 3 Monate

Tabelle 3.2: Daten zur digitalen Signierung im Überblick

3.5.2 Sicherungsverfahren Basic Access Control

Mit Hilfe des Basic Access Control werden die Daten der Gruppen DG1 und DG2 gegen unautorisierten Zugriff geschützt. Um Zugriff auf die gespeicherten Daten zu erhalten ist ein Autorisierungsprozess zu durchlaufen, der im Folgenden vereinfacht beschrieben ist [24]:

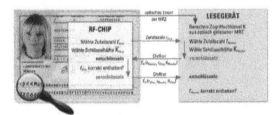

Abbildung 3.6: Sicherungsverfahren Basic Access Control[25]

1. optisches Auslesen der Seriennummer, des Geburtsdatums und des Ablaufdatums aus der MRZ

2. Berechnung des Zugriffsschlüssels K, bestehend aus den Schlüsselhälften K_{Reader} und K_{Chip}

---

[23]Vgl. Kügler[30], S. 177
[24]für Detail siehe Kinneging[32], Anhänge E und F, S. 41ff.
[25]Entnommen aus Thylmann [41], S. 8

3. Lesegeräte fordert und erhält eine 8 Byte Zufallszahl (r_{Chip})

4. Lesegerät fügt eine eigene 8 Byte Zufallszahl r_{Reader}, r_{Chip} und K_{Reader} zusammenund verschlüsselt diese $\rightarrow E_K(r_{Reader}, r_{Chip}, K_{Reader})$ und an die RF-Chip gesendet.

5. RF-Chip entschlüsselt $E_K(r_{Reader}, r_{Chip}, K_{Reader})$ und prüft den Wert von r_{Chip}.

6. bei korrektem Wert setzt der Chip r_{Chip}, r_{Reader} und K_{Chip} zusammen, verschlüsselt diese $\rightarrow E_K(r_{Chip}, r_{Reader}, K_{Chip})$ und sendet diesen Wert an das Lesegerät.

7. Lesegerät entschlüsselt $E_K(r_{Chip}, r_{Reader}, K_{Chip})$ und prüft den Wert von r_{Reader}.

8. Wenn r_{Reader} korrekt übermittel wurde wird aus den Schlüsselhälften K_{Chip} und K_{Reader} der neue Sitzungsschlüssel ermittelt.

Nach Authentifizierung unter Verwendung der beiden maximal 56 Bit starken Sitzungsschlüssels (K_{ENC} zur Verschlüsselung und K_{MAV} zur Nachrichtenauthentifizierung) der Secure Messaging Kanal aufgebaut.

3.5.3 Sicherungsverfahren Extended Access Control

Das EACVerfahren ist ein zweistufiges Verfahren bestehend aus Chip und Terminal-Authentifizierung. Die Chip-Authentifizierung ist innerhalb der Europäischen Union für alle Lesegeräte verpflichtend [26].

3.5.3.1 Chip-Authentifizierung

Die Chip-Authentifizierung dient als Echtheitsnachweis bzw. Kopierschutz des RF-Chips und dessen Inhalt. Weiterhin wird hierüber eine sichere Secure Messaging Verbindung aufgebaut. Der Schlüssel wird über ein ephemeral-static Diffie-Hellman Key Agreement [27] (112 Bit 3DES Schlüssel im CBC-Modus[28]) erzeugt. Der Begriff ephemeral-static (engl. flüchtig-statisch) ergibt sich aus der Tatsache, dass der RF-Chip ein statisches Schlüsselpaar gespeichert hat und das Lesegerät sein Schlüsselpaar im Rahmen der Authentifizierung generiert.

Ablauf der Authentifizierung [29]:

---

[26]Vgl. Kügler [30], S. 179
[27]freie Übersetzung des Orginalbegriffes: flüchtig-statische Diffie-Hellman Schlüsseleinigung
[28]Vgl. Kügler [30] S. 179
[29]Vgl. BSI [14] S. 19

1. Der Chip übermittelt seinen öffentlichen Schlüssel und seine Domänenparameter an das Lesegerät

2. Das Lesegerät generiert ein (flüchtiges, nur für diesen Kontakt gültiges) Schlüsselpaar und übermittelt den öffentlichen Schlüssel an den RF-Chip

3. Lesegerät und RF-Chip ermitteln den gemeinsamen Schlüssel

$$K = KA(SK_{PICC}, \widetilde{PK_{PCD}}, \mathfrak{D}_{PICC}) = KA(\widetilde{SK_{PCD}}, PK_{PICC}, \mathfrak{D}_{PICC})$$

Formel 1: Gemeinsamer Schlüssel K^{30}

4. Ermitteln der 112 Bit starken Sitzungsschlüssels K_{ENC} und K_{MAC}

5. Ermitteln des Hash des öffentlichen Schlüssels $H(\widetilde{PK_{PCD}})$ zur Authentifizierung des Lesegerätes

Bei erfolgreicher Durchführung der Chip-Authentifizierung wird ein Secure Messaging Kanal mit den neuen 112 Bit Sitzungsschlüsseln aufgebaut, über den jegliche weitere Kommunikation läuft. Nach der Chip-Authentifizierung wird eine Prüfung der Digitalen Signatur zur Verifizierung des öffentlichen Schlüssels PK_{PICC} des Reisepasses durchgeführt.

3.5.3.2 Terminal-Authentifizierung

Die Terminal-Authentifizierung dient dem Nachweis, dass das Lesegerät berechtigt ist Daten mit erhöhtem Sicherungbedarf abzurufen und regelt zusätzlich über eine Zuweisung von Leserechten den Zugriff auf diese Daten (z.B. DG3: Fingerabdrücke). Über diese Zertifizierung und Rechteverteilung ist es der CSCA jedes Landes möglich zu bestimmen, welche Länder Zugriff auf welche Daten haben.

Ablauf der Authentifizierung [31]:

1. Das Lesegerät übermittelt eine Zertifikatskette bestehend aus u.a. dem öffentlichen Schlüssel der CSCA und dem Zertifikat des Lesegerätes.

2. Der RF-Chip überprüft die Zertifikate und sendet eine Zufallszahl r_{PICC} an das Lesegerät.

3. Das Lesegerät übermittelt eine Signatur:

$$s_{PCD} = \text{Sign}SK_{PCD}, ID_{PICC} \parallel r_{PICC} \parallel H(\widetilde{PK_{PCD}})$$

Formel 2: Terminalsignatur[32]

4. Überprüfung der Signatur mit Hilfe des öffentlichen Schlüssels des Lesegerätes.

Bei erfolgreichem Durchlauf der Prozedur werden, abhängig von den Rechten des Lesegerätes, die entsprechenden Daten freigegeben.

3.5.4 Überblick über die Inspektionskette

Die gesamt Inspektionskette ist ein aufeinander aufbauendes System. Je sensibler die Daten werden, die ausgelesen werden sollen, desto höher ist das Sicherheitsniveau. Nachfolgend eine übersichtliche Darstellung der gesamten Kette [33]:

- Basic Access Control

  - Bei erfolgreicher Durchführung wird ein mittelstarker Secure Messaging Kanal (56 Bit) aufgesetzt.

  - Zugriff auf weniger sensible Daten, visuell ablesbare Daten, möglich (in Europa ist EAC Pflicht, daher erst nach EAC Zugriff auf die elektronisch gespeicherten Daten)

  - Durchführung einer Prüfung der Digitalen Signatur, wenn kein EAC durchgeführt wird

- Extended Access Control - Chip-Authentifizierung

  - Bei erfolgreichen Durchführung wird ein starker Secure Messaging Kanal (112 Bit) aufgesetzt.

  - Zugriff auf weniger sensible Daten, visuell ablesbare Daten, möglich

  - implizite Echtheitsbestätigung des RF-Chips

  - Durchführung einer Prüfung der Digitalen Signatur

---

[30]$SK\hateq$geheimer Schlüssel,$PK\hateq$öffentlicher Schlüssel,$PICC\hateq$RF-Chip,$PCD\hateq$Lesegerät, $\mathfrak{D}\hateq$Domain Parameter
[31]Vgl. BSI [14], S. 20
[32]$SK\hateq$geheimer Schlüssel, $ID\hateq$Wert bestehen aus Dokumentennummern, Prüfbit und $H(\widetilde{PK_{PCD}})$, $PICC\hateq$RF-Chip, $PCD\hateq$Lesegerät, $H\hateq$Hashwert, vergleiche Abschnitt Chip-Authentifizierung Aufzählung Punkt 5
[33]Angelehnt an Ullmann[42], S. 7

- Extended Access Control - Terminal-Authentifizierung

    - Verifizierung der Zugriffsrechte

    - Zugriff auf sensible Daten möglich (z.B. Fingerabdrücke)

Es sei nochmal darauf hingewiesen, dass die Chip-Authentifizierung der EAC innerhalb der EU verpflichtend durchzuführen ist, so dass die gesamt Kommunikation zwischen ePass und Lesegerät mit einer Schlüsselstärke von 112 Bit von statten geht, d.h. auch weniger sensible Daten nur nach erfolgreicher Chip-Authentifizierung ausgelesen werden können.

4 Datenschutzrelevante Aspekte

In diesem Kapitel wird nun nach der Erläuterung biometrischer Merkmale allgemein sowie der technischen Aspekte und Realisierung im ePass im Besonderen, auf die speziellen Belange rund um den Datenschutz den ePass betreffend eingegangen.

4.1 Auslesbare Informationen

Um der Frage des Schutzes der Daten auf dem ePass näher zu kommen sei zunächst die Frage nach den Informationen, die auf dem ePass gespeichert sind, zu beantworten.

Nach einer Entscheidung des Bundesrates am 08. Juni 2007 werden neben den textbasierten Daten, die der folgenden Abbildung entnommen werden können, dem bereits seit November 2005 auf dem ePass gespeicherten Gesichtsbild ab November 2007 auch zwei Fingerabdruckbilder digital auf dem Speicher festgehalten [1].

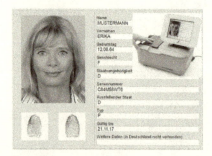

Abbildung 4.1: auslesbare Informationen des ePass

---

[1]Vgl. Krempl [34]

4.2 Zugriffsschutz

Wie bereits in Kapitel 3.5 gibt es verschiedene Möglichkeiten die Daten auf dem Chip des ePass vor frem-
den, bzw. unauthorisiertem Zugriff zu schützen.

Neben der generellen Möglichkeit den Zugriff von
Aussen auf den RFID-Chip zum Beispiel durch eine
geeignete Schutzhülle [3] zu unterbinden werden alle Informationen auf dem Chip durch das Basic Access Control und die Fingerabdruckbilder als besonders sensible Daten zusätzlich durch das Extended

Abbildung 4.2: Schutzhülle
ePass [2]

Access ControlVerfahren in Verbindung mit einer sogenannten digitalen Signatur geschützt. Bei der amerikanischen Version des ePass besteht die Möglichkeit
den RFID-Tag aus mehreren Metern Entfernung auszulesen [4].

4.3 Chancen / Risiken durch den ePass

Als direkte Antwort auf die Terroranschläge vom 11. September 2001 in den USA
und als Zeichen einer veränderten Sicherheitspolitik der westlichen Staaten wurde in Deutschland das Terrorismusbekämpfungsgesetz erlassen. In Artikel 7 und
Artikel 8 ist ein grundsätzlicher Paradigmenwechsel für das Pass- und Personalausweisrecht vorgesehen [5].

4.3.1 Nutzung zur Terrorabwehr

Durch die Einführung biometrischer Merkmale in Pass und Personalausweis soll
eine computergestützte Überprüfung der Echtheit dieser Dokumente ermöglicht
werden. Auf diese Weise soll eine Einreise mit gefälschten Papieren bzw. unter
falscher Identität erschwert werden [6].

---

[2]Entnommen aus Ihlenfeld[27]
[3]Vgl. Ihlenfeld [27]
[4]Vgl. Wilkens[44]
[5]Vgl. Gruner[22], S. 219
[6]Vgl. BSI[15], S. 4

4.3.2 Fälschungssicherheit

Das System des ePass dient der Erhöhung der Sicherheit. Eine Umgehung, bzw. Täuschung erscheint unwahrscheinlich und nur unter Aufbringung erheblicher Kosten möglich. Im Folgenden sind einige denkbare Szenarien hierfür aufgeführt.

4.3.2.1 Echter ePass zu falscher Person

Nach dem Verlust seiner Ausweisdokumente kann man sich Neue durch die zuständige Einwohnermeldebehörde ausstellen lassen. Zur Antragstellung sollte ein Identitätsnachweis, wie die Geburtsurkunde oder ein Führerschein, vorliegen. Sollte auch dies nicht vorliegen, ist eine Antragstellung nur über eine Bestätigung der Identität durch einem Bürgen möglich [7]. Obwohl hier scheinbar eine Schwachstelle vorliegt sei aber erwähnt, dass dem zuständigen Einwohnermeldeamt die Originaldaten der ursprünglichen Ausweiserstellung vorliegen [8] und ein Vergleich mit diesen Daten (z.B. aus der Mikroverfilmung) in der Regel auch durchgeführt wird. Ohnehin besteht diese Möglichkeit nur für Personen, die sich bereits in Deutzchland befinden.

4.3.2.2 Schlecht geschützte Grenzen

Betrachtet man den Umstand, dass sich etliche illegal, über schlecht bewachte Grenzen, eingereiste Personen in Deutschland aufhalten ist sofort klar, dass der ePass daran nichts ändern wird. Der ePass bringt nur Sicherheit wo er eingesetzt wird. Für illegale Einwanderer, die nie kontrolliert wurden und aufgrund der Art ihrer „heimlichen" Einreise nicht kontrolliert werden wird der ePass kein Hindernis darstellen.

4.3.2.3 Manipulation der Daten auf dem Chip

Der im ePass verwendete Chip kann nach dem erstmaligen Beschreiben nicht wieder verändert werden. Auch ist der Chip auf eine Weise in das Dokument gearbeitet, die ein unauffälliges Austauschen ohne sichtbare Spuren nahezu Unmöglich machen. Auf die Verschlüsselung der Daten im ePass wird bereits im Kapitel 3.5 eingegangen.

---

[7]Vgl. Stadt Karlsruhe[1]
[8]ausser den biometrischen Merkmale

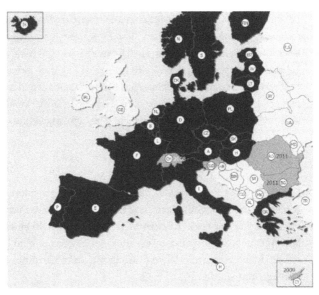

Abbildung 4.3: Beteiligte Länder des Schengen-Abkommen[10]

4.3.2.4 Kopieren des ePass

Sobald das technische Know-How vorliegt ist das Erstellen einer 1:1 Kopie des ePass theoretisch möglich [9]. Da seit 2007 der ePass auch digitale Informationen zu den Fingerabdrücken enthält macht eine Kopie allerdings kaum noch Sinn, da sogar eineiige Zwillinge verschiedene Fingerabdrücke haben. Die Wahrscheinlichkeit so genannter biometrischer Zwillinge, also Personen deren biometrische Merkmale sich gleichen (Gleichheit bei Gesicht und Finger) ist vernachlässigbar gering.

4.3.3 Umgehungsmöglichkeiten

4.3.3.1 Einreise aus Ländern, die sich nicht an dem System ePass beteiligen

Die meisten am Schengener Abkommen beteiligten Staaten nehmen bereits am System des ePass teil. Allerdings bleibt es Bürgern der Staaten, die sich diesem System nicht bedienen, möglich ohne Abgleich der biometrischen Daten in Deutschland einzureisen.

---

[9]Vgl. ICAO[31], S. 55
[10]Entnommen aus: http://www.reisen-tcs.ch

Bei einer Einreise aus Nicht-Schengen-Ländern greifen die entsprechenden Einreisebestimmungen. Meist sehen diese Einreisebestimmungen den Antrag eines Visum vor. Dieses wird künftig auch biometrische Merkmale enthalten. Eine eingehende Untersuchung der Visa-Regelung ist in dieser Arbeit nicht vorgesehen und wäre zu umfangreich. Schließlich bleibt festzuhalten, dass eine Einreise mittels gefälschter Ausweispapiere ohne biometrische Merkmale von Staaten, die sich am Verfahren nicht beteiligen nicht gänzlich ausgeschlossen werden kann.

4.3.3.2 Zerstörung RFID

Selbst ein ePass mit defektem RFID-Tag (mutwillig zerstört oder funktionslos) behält weiter seine Gültigkeit. Eine Einreise nach Deutschland bleibt also auch ohne Prüfung der biometrischen Merkmale möglich. In einem solchen Fall soll laut Auskunft des Bundesministeriums des Innern mit dem klassischen Verfahren die Identität geprüft. Diese Prüfung soll dann allerdings besonders Intensiv durchgeführt werden [11].

4.3.3.3 Verschleierung biometrischer Merkmale

Ähnlich wie im vorhergehenden Abschnitt verhält es sich wenn zwar die biometrischen Daten des ePass vorliegen, jedoch bei dem Einreisenden weder Gesicht noch Finger zur Verifikation genutzt werden können. Auch hier soll besonders intensiv geprüft werden. Diese Problem besteht bereits, wenn bei einem Einreisenden kein Vergleich mit dem Passfoto vorgenommen werden kann. Laut Auskunft von Grenzbeamten des Flughafen Berlin Schönefeld gibt es für diesen Fall keine konkreten Richtlinien. Eine Lösung liegt dann im Ermessen der Beamten [12].

---

[11]Vgl. Beel[3], S. 70
[12]Vgl. Beel[3], S. 71

5 Fazit

Die entscheidenden Weichen zur Einführung des ePass wurden kurz nach und unter dem Einfluss der Terroranschläge vom 11. September 2001 in den Vereinigten Staaten von Amerika gestellt.

Die Frage ob der ePass ein wirksames Mittel im Kampf gegen den internationalen Terrorismus darstellt ist zu verneinen. Es ist bereits im Rahmen dieser Fallstudie gelungen potentielle Schwachstellen im System des ePass aufzuspüren. Betrachtet man nun den Umstand, dass es der für die damaligen Terroranschläge verantwortlichen Organisation gelang Piloten für Verkehrsflugzeuge auszubilden, zeitgleich 4 solcher Maschinen in Ihre Gewalt zu bringen und als Waffen gegen die westliche Welt einzusetzen, erscheint es durchaus wahrscheinlich das eine solche Organisation auch in der Lage wäre den nötigen Aufwand zu betreiben das Sicherheitssystem des ePass auszuhebeln.

Im Gegensatz zur Effizienz im Kampf gegen den Terrorismus erschliesst sich sofort ein Gewinn für die Sicherheitsbehörden und ihre Belange. Ausweiskontrollen von grösseren Gruppen bzw. Menschenmassen bei Grossveranstaltungen (z.B. WM-Fußballspiel) lassen sich viel schneller und zuverlässiger Abwickeln.

Eine erhöhte Fälschungssicherheit des ePass steht ebenfalls ausser Frage. Zu diesem Punkt sei jedoch erwähnt das deutsche Pässe ohnehin zu den fälschungssichersten Ausweisdokumenten der Welt zählen. Hier lässt sich auch kein direkter Zuwachs an Nutzen erkennen. Ungeachtet dessen bleiben defekte ePässe, alte Pässe und Pässe (mit und ohne biometrische Merkmale) aus allen Schengen-Ländern gültig.

Bezüglich des Datenschutzes erscheinen die Informationen auf dem Chip des ePass für den derzeitigen Stand der Technik ausreichend gesichert. Dazu sei allerdings erwähnt, dass die letzten Jahre in der Datenverarbeitung immer wieder gezeigt haben, dass Sicherheitsmechanismen und Verschlüsselungsalgorithmen viel schneller und einfacher zu überwinden waren als ursprünglich prognostiziert. Beim amerikanischen ePass gelang es bereits, Daten aus mehreren Metern Entfernung elektronisch auszulesen. Insofern besteht auch für diese Informationen eine latente Gefahr eines unbefugten Zugriffs.

Ein denkbares Szenario wäre, dass die Wirtschaft die persönlichen Daten eines Interessenten, der sich für eine gewisse Zeit in der unmittelbaren Nähe eines Produktes aufhält, ausliest und ihn ohne dessen ausdrückliches Einverständnis mit individualisierter Werbung oder entsprechenden Angeboten belästigt.

Abschliessend bleibt festzuhalten, dass

- einige Arbeitsabläufe, insbesondere Passkontrollen, für die Ordnungsbehörden erleichtert werden

- der ePass keinen signifikanten Gewinn bei der Frage der Terrorabwehr und Sicherheit generiert

- obwohl laut Passgesetz keine zentrale Datenbasis über die auf den Pässen abgelegten Daten geben darf, diese inklusive der biometrischen Merkmale zumindest in den jeweiligen Einwohnermeldebehörden vorliegen können

- der ePass ein latentes Risiko in Bezug auf unberechtigtes Auslesen der gespeicherten Daten birgt.

Diese Punkte lassen die Einführung des ePasses aus Sicht der Bürger in einem durchaus zweifelhaften Licht erscheinen, da sich kein direkter Nutzen ergibt. Der Staat hingegen profitiert durch einige Optimierungspotentiale für die Sicherheitsbehörden. Allerdings bleibt zu erwarten, dass sich durch die Einführung des ePass zusätzliche Ängste vor einem Überwachungsstaat nach dem Vorbild des Roman „1984" von George Orwell schüren lassen, oder Informationen unbefugt ausgelesen und missbräuchlich verwendet werden können. Dies sind offenbar Aspekte, die nicht in der Entscheidung ausreichend hoch gewichtet oder gar nicht eingeflossen sind. Dennoch wird aktuell auf politischer Ebene immer noch über die Erforderlichkeit biometrischer Merkmale in staatlichen Identitätsnachweisen (Personalausweis) gestritten.

Zusammenfassend bleibt festzustellen, dass in dieser Frage erhebliche Kosten einem ungewissen Nutzen sowie fragwürdigen Risiken den Datenschutz betreffend gegenüber stehen. Aus heutiger Sicht lässt sich die Datensicherheit über die Gültigkeitsdauer nicht gewährleisten.

Literatur- und Quellenverzeichnis

[1] Pass- und Ausweiswesen: Reisepass. In: *Stadt Karlsruhe* (2008), Maerz. – URL http://www1.karlsruhe.de/Service/buergerdienste/detail.php? prod_id=412. – Zugriffsdatum: 30.05.2008

[2] AMBERG, Michael ; FISCHER, Sonja ; RÖSSLER, Jessica: *Biometrische Verfahren - Studie zum State of the Art*. Erlangen, Friedrich-Alexander-Universität Erlangen-Nürnberg, Dissertation, 2003

[3] BEEL, Jöran ; GIPP, Bèla: *ePass - der neue biometrische Reisepass*. Shaker Verlag, 2005. – 115 S. – URL http://www.beel.org/epass/. – ISBN: 3832246932

[4] BMI: Alles Wissenswerte zum elektronischen Reisepass. In: *ePass*. Bundesministerium des Innern, 2007

[5] BMI: Schutzmechanismen gegen unberechtigtes Auslesen der Daten im ePass-Chip. In: *ePass*. Bundesministerium des Innern, 2008. – URL http://www.bmi.bund.de/cln_028/nn_1084000/Internet/Content/ Themen/PaesseUndAusweise/Einzelseiten/Sicherheit__ePassChip.html. – Zugriffsdatum: 28.04.2008

[6] BMJ: *Entwurf eines Gesetzes zur Bekämpfung des internationalen Terrorismus*. – URL http://dip.bundestag.de/btd/14/073/1407386.pdf. – Zugriffsdatum: 7.5.2008. – (Terrorismusbekämpfungsgesetz), Begründung, BT-Drs. 14/7386

[7] BMJ: *Paßgesetz*. Bundesministerium für Justiz, 1986. – URL http://www.gesetze-im-internet.de/pa_g_1986/index.html# BJNR105370986BJNE000402310. – Zugriffsdatum: 28.04.2008

[8] BMJ: Bundesgesetzblatt, 1. In: *BMJ* (2002)

[9] BMJ: *Bundesdatenschutzgesetz*. Bundesministerium für Justiz, 2006. – URL http://www.gesetze-im-internet.de/bdsg_1990/index.html. – Zugriffsdatum: 28.04.2008

[10] BREITENSTEIN ; NIESING: Untersuchung der Leistungsfähigkeit von Gesichtserkunngssystemen zum geplanten Einsatz in Lichtbilddokumenten - BioP I. (2004), April, S. 95. – URL http://www.bsi.de/literat/studien/ biop/biopabschluss.pdf. – Zugriffsdatum: 25.04.2008. – Version 1.1

[11] BREITENSTEIN, Marco: Überblick über biometrische Verfahren. In: NOLDE, Veronika (Hrsg.) ; LEGER, Lothar (Hrsg.): *Biometrische Verfahren*, Deutscher Wirtschaftsdienst Verlag, 2002, S. 35–82

[12] BSI: Evaluierung biometrischer Systeme Fingerabdrucktechnologien - Bio-Finger. (2004), August, S. 120. – URL http://www.bsi.de/literat/studien/ BioFinger/BioFinger_I_I.pdf. – Zugriffsdatum: 25.04.2008. – Version 1.1

[13] BSI: Untersuchung der Leistungsfähigkeit von biometrischen Verifikationssystemen - BioP II. (2005), August, S. 170. – URL http://berlin.ccc.de/ ~starbug/BioP2.pdf. – Zugriffsdatum: 29.04.2008

[14] BSI: Advanced Security Mechanisms for Machine Readable Travel Documents - Extended Access Control (EAC) / Bundesamt für Sicherheit in der Informationstechnik. BSI, 2007. – Forschungsbericht. – URL http://www.bsi.bund.de/fachthem/epass/TR-03110_v111.pdf. – Zugriffsdatum: 18.05.2008

[15] BUNDESDRUCKEREI: Digitale Sicherheitsmerkmale im elektronischen Reisepass / Bundesamt für Sicherheit in der Informationstechnik. URL http://www.bsi.bund.de/fachthem/epass/Sicherheitsmerkmale.pdf. – Zugriffsdatum: 18.05.2008, Juni 2005. – Forschungsbericht

[16] BUNDESDRUCKEREI: ID-Dokumente / Bundesdruckerei GmbH. URL http://www.bundesdruckerei.de/de/service/service_downloads/ produkte_dok_iddok_brosch.pdf. – Zugriffsdatum: 29.04.2008, Februar 2006. – Forschungsbericht

[17] BUNDESDRUCKEREI: A Bundesdruckerei, Pocket Guide to ePassport Systems / Bundesdruckerei GmbH. URL http://www.bundesdruckerei. de/de/wissen/download/untern_epassport_system.pdf. – Zugriffsdatum: 29.04.2008, August 2007. – Forschungsbericht

[18] BUNDESDRUCKEREI: Das Identigramm - Ein neues Sicherheitsmerkmal für Pässe und Personalausweise. (2007), Mai, S. 2. – URL http://www.bundesdruckerei.de/de/service/service_downloads/ idSystem_dokumente_identigram.pdf. – Zugriffsdatum: 29.04.2008

[19] CCC (Veranst.): *Die Datenschleuder*. Chaos Computer Club e.V, 2008. (92). – ISSN 0930-1054

[20] CNPD: Identifizierung über Radiowellen (RFID). URL http://www.cnpd. lu/de/dossiers/rfid/index.html. – Zugriffsdatum: 28.04.2008, Juni 2007. – Forschungsbericht

[21] DER RAT DER EUROPÄISCHEN UNION: *Verordnung über Normen für Sicherheitsmerkmale und biometrische Daten in ausgestellten Pässen und Reisedokumenten*. Amtsblatt der Europäischen Union. Dezember 2004. – URL http://eur-lex.europa.eu/LexUriServ/LexUriServ.do?uri=OJ:L: 2004:385:0001:0006:DE:PDF. – Zugriffsdatum: 28.04.2008

[22] GRUNER, Alexander: *Biometrie und informationelle Selbstbestimmung*, Juristische Fakultät der Universität Dresden, Doktorarbeit, 2005

[23] HALITSCHKE, Jörg: *Daktyloskopie*. LKA Thüringen. Oktober 2007. – URL http://www.thueringen.de/de/lka/wissenschaft/kriminaltechnik/ uc2/u_start.html

[24] HANSEN ; NEUMANN: *Wirtschaftsinformatik 1 - Grundlagen und Anwendungen*. Bd. 1. 9. Lucius & Lucius Verlagsgesellschaft, 2005. – 855 S. – ISBN: 3825226697

[25] HANSEN ; NEUMANN: *Wirtschaftsinformatik 2 - Informationstechnik*. Bd. 2. 9. Lucius & Lucius Verlagsgesellschaft, 2005. – 924 S. – ISBN: 3825226700

[26] ICAO: Development of a logical data structure - LDS for optional capacity expansion technologies / International Civil Aviation Organisation. ICAO, 2004. – Forschungsbericht. – URL http://www.mrtd.icao.int/images/stories/Doc/ePassports/Logical% AC%AC%_Data_Structure(LDS)_version1.7.pdf. – Zugriffsdatum: 23.05.2008

[27] IHLENFELD, Jens: RFID-Schutzhülle für ePass und WM-Karten. In: *Golem* (2006), Februar. – URL http://www.golem.de/0602/43215.html. – Zugriffsdatum: 28.04.2008

[28] IRIDIANTECH: *Introduction to Iris Recognition*. – URL http://www. iridiantech.com. – Zugriffsdatum: 23.05.2008

[29] KARGL, S.: Die neuen EU-Reispässe Versuche einer Zusammenfassung, URL http://archiv.ulm.ccc.de/chaosseminar/200504-epass/cs-200504-epass_ slides.pdf. – Zugriffsdatum: 23.05.2008, April 2005

[30] KÜGLER, I.: Sicherheitsmechanismen für kontaktlose Chips im deuschen Reisepass. (2007), S. 5. – URL http://www.bsi.bund.de/fachthem/epass/ dud_03_2007_kuegler_naumann.pdf. – Zugriffsdatum: 18.05.2008

[31] KINNEGING, Tom A. F.: PKI for Machine Readable Travel Documents offering ICC Read-Only Access / International Civil Aviation Organisation. URL http://www.csca-si.gov.si/TR-PKI_mrtds_ICC_read-only_access_v1_ 1.pdf. – Zugriffsdatum: 30.05.2008, Oktober 2004 (2). – Forschungsbericht

[32] KINNEGING, Tom A.F. K.: PKI for Machine Readable Travel Documents offering ICC Read-Only Access. URL www.csca-si.gov.si/TR-PKI_mrtds_ ICC_read-only_access_v1_1.pdf. – Zugriffsdatum: 18.05.2008, Oktober 2004. – Forschungsbericht

[33] KOMMISION K: Entscheidung der Kommission vom 28/VI/2006 über die technischen Spezifikationen der Normen für Sicherheitsmerkmale und biometrische Daten in von den Mitgliedstaaten ausgestellten Pässen und Reisedokumenten. (2006). – Zugriff am: 17.11.2007

[34] KREMPL, Stefan ; KURI, Jürgen: Bundesrat erteilt Fingerabdrücken in Reisepässen den Segen. In: *Heise* (2007), Juni. – URL http://www.heise.de/newsticker/ Bundesrat-erteilt-Fingerabdruecken-in-Reisepaessen-den-Segen--/ meldung/90834. – Zugriffsdatum: 28.04.2008

[35] MUNDE, Axel: *Die Evaluation biometrischer Systeme - Im internationalen Kontext*. Kap. II.5, S. 145–158, Deutscher Wirtschaftsdienst Verlag, 2002

[36] NOLDE, Veronika ; LEGER, Lothar: *Biometrische Verfahren*. Deutscher Wirtschaftsdienst Verlag, 2002. – 474 S. – ISBN: 3871564648

[37] PAASCHE, Lydia ; BRÜNING, Wolf: *Geschichte der Biometrie*. Juni 2005. – URL http://wwwiti.cs.uni-magdeburg.de/~sschimke/sose05/ 01-geschichte/geschichte.pdf. – Zugriffsdatum: 23.05.2007

[38] RACH, Andreas: *Einsatz von RFID-Technologie in der Biometrie zur Identifikation, Verifikation und Authentifikation*, FHTW Berlin, Diplomarbeit, September 2004. – URL http://andreas.strivefordrive.de/files/Diplom_ RFID-Biometrie.pdf. – Zugriffsdatum: 12.05.2008

[39] RIERING, Martin: *RFID in der SHK-Branche - Anwendungsfelder und Einführung*. Essen, Fachhochschule für Oekonomie und Management Essen, Diplomarbeit, Maerz 2007. – URL http://www.itek.de/fileadmin/ dokumentCenter/sonstige/riering_RFID.pdf. – Zugriffsdatum: 29.04.2008

[40] STECKLER, Brunhile: *Grundzüge des IT-Rechts*. Verlag Vahlen, 2006

[41] THYLMANN, M.: BDR Präsentation ePass Workshop. (2007), Oktober, S. 22.
– URL www.bitkom.org/files/documents/BDR_Praesentation_Workshop_
ePass.pdf. – Zugriffsdatum: 18.05.2008

[42] ULLMANN, Markus: Extended   Access   Control   (EAC),   URL
http://traumtenza.tr.funpic.de/seiten/studie/daten/mob_si_II/05_
ExtendedAccessControl.pdf. – Zugriffsdatum: 23.05.2008, Januar 2007

[43] VOGT, Markus: PKI für elektronische Reisedokumente. (2007), Juni. – URL
http://www.nds.rub.de/lehre/seminar/SS07/vogt_pres.pdf. – Zugriffsdatum: 28.04.2008

[44] WILKENS,   Andreas: Geplante   RFID-Identitätskarte   weckt
in   den   USA   Sicherheitsbedenken.   In: *Heise*   (2008),
Januar.   –   URL   http://www.heise.de/newsticker/
Geplante-RFID-Identitaetskarte-weckt-in-den-USA-Sicherheitsbedenken--/
meldung/101197. – Zugriffsdatum: 30.05.2008

BEI GRIN MACHT SICH IHR WISSEN BEZAHLT

- Wir veröffentlichen Ihre Hausarbeit, Bachelor- und Masterarbeit

- Ihr eigenes eBook und Buch - weltweit in allen wichtigen Shops

- Verdienen Sie an jedem Verkauf

Jetzt bei www.GRIN.com hochladen und kostenlos publizieren

[40] STECKLER, Brunhile: *Grundzüge des IT-Rechts*. Verlag Vahlen, 2006

[41] THYLMANN, M.: BDR Präsentation epass Workshop. (2007), Oktober, S. 22. – URL www.bitkom.org/files/documents/BDR_Praesentation_Workshop_epass.pdf. – Zugriffsdatum: 18.05.2008

[42] ULLMANN, Markus: Extended Access Control (EAC), URL http://traumtenza.tr.funpic.de/seiten/studie/daten/mob_si_II/05_ExtendedAccessControl.pdf. – Zugriffsdatum: 23.05.2008, Januar 2007

[43] VOGT, Markus: PKI für elektronische Reisedokumente. (2007), Juni. – URL http://www.nds.rub.de/lehre/seminar/SS07/vogt_pres.pdf. – Zugriffsdatum: 28.04.2008

[44] WILKENS, Andreas: Geplante RFID-Identitätskarte weckt in den USA Sicherheitsbedenken. In: *Heise* (2008), Januar. – URL http://www.heise.de/newsticker/Geplante-RFID-Identitaetskarte-weckt-in-den-USA-Sicherheitsbedenken--/meldung/101197. – Zugriffsdatum: 30.05.2008